巧智慧心 妙手生輝

依來 佛光山慈善院院長

世界無所謂殘缺，
即使是殘缺，也是美的。

從馬來西亞來台追隨星雲大師出家的佛光山靈山寺監寺覺年法師，在台弘揚佛法已歷經二十餘載，長期殫精竭慮致力於深耕生命探索教育，二○二○年榮獲周大觀文教基金會頒發「全球熱愛生命」獎章，可謂實至名歸。

覺年法師弘揚佛法接引眾生，有來自佛光大學師生、鄰近中小學及世界各國的生命探索營隊，融入人間佛教與生命探索教育模式，並帶到歐洲及馬來西亞。他身體力行實踐教學理念，引領社會各年齡層人士認識生命意義與珍惜生命的價值，更加認識自己、肯定自己，正向思考，找到更好的自己。經過多年經驗譜寫出生命探索教育篇章。

這一系列《生命探索繪圖ABC》三冊，可說是生命探索教育不斷深耕下的作品。覺年法師因病而感悟生命的真諦及可貴，效法星雲大師「一筆字」經典之作，以清淨無礙身、口、意三業融入「一筆畫」闡述佛法，演繹出千變萬化的意境。筆下的一個點、線、面畫出生命的共生吉祥，無窮無盡，十方法界盡在其中。《華嚴經》云：「心如工畫師，能畫諸世間，五蘊悉從生，無法而不造」，將我們的心比喻成工畫師，可以彩畫世間風景、花果、人物、昆蟲、魚鳥等等，呈現出「一花一世界」。在覺年法師畫筆下的世界無所謂殘缺，即使是殘缺，也是美的；這個世界是至真、至善、至美；萬法自如，處處般若，時時都可悟道。

覺年法師致力於啟迪十方大眾圓滿此刻人生課題，這是利益眾生的慈悲觀。當讀者能夠靜心下來，透過生命探索繪圖中的詮釋、反思，學習轉念及換位思考人生所面臨的議題及困境，就能深究內省及學習個人與環境互動的關係，誠如星雲大師所提倡的「五和」內涵，先從自我做起，心如工廠，要製造自己的喜悅、慈悲心，自然能自心和悅；進而家庭和順，家和萬事興，擴展到社會和諧；甚至逐漸達到世界和平為目標。

用「一筆畫」的延伸，妙手生輝，啟動無盡的思維，探索生命的樣貌，百界千如，呈現出無窮盡的華藏世界。恭賀覺年法師以「同體共生」理念再創佳作，以「同體」來推動眾生平等的思想，以「共生」來發揚慈悲喜捨的精神，期盼地球成為和平安樂的人間淨土。互為共勉之！

用生命來繪圖 繪出生命的圖

張亞中　全球生命探索教育協會理事長

覺年法師不僅是一位法師，也是生命的鬥士、人間的行者，更是一位用繪圖把生命的歷程、驚奇、可貴，完整呈現出來的了不起畫家。

如果從出生地來說，覺年法師是馬來西亞人；如果從血緣來說，他是華人；如果從信仰來說，他是佛教人；如果從為社會所做的貢獻來說，他是當之無愧的台灣人；如果從歸屬來說，他是世界人；如果從探索生命來說，他既是一位生命的覺者，更是一位生命的行者。

宜蘭的頭城，北宜公路的山凹處，有一座依山面水的佛光山靈山寺。覺年法師帶著星雲大師的期許，在這裡渡過了二十六年，那幾乎是他出家後生命的全部。在靈山寺，只有他一人，不要懷疑，這二十六年來就他一位法師，每日暮鼓晨鐘，接引眾生。在他的巧思下，靈山寺成為全台最環保的寺院，在那裡沒有名貴的雕工名器、華麗的佛教文物，有的是別人不要的廢棄物具、毫不顯眼的質樸氛圍。靈山寺本身就像一位出家人，不在乎自己的所有，能用則用、能省則省，而把自己的所有都奉獻世間。

寺如其名的靈山寺，像一座眾生心靈可以依靠的大山。二十六年來，靈山寺接引了全球五大洲、四十五個國家、上千個來自世界各國的營隊，引導他們聆聽山水說法、認識生命的意義。有太多的家長向靈山寺感謝，因為短短幾天的生命探索教育與心靈洗滌，讓他們的小孩擺脫舊習，有了嶄新的生命。

應該不是偶然，覺年法師注定一生要為眾生服務，做個生命探索的行者。上天沒有給他壯碩的身體，甚而沒有給他足夠的健康，但是上天卻給了他旺盛的生命力與獨特的才能。在人生的道路上，覺年法師不僅是禪師、行者、勇者，更是一位獨特的畫者。

《生命探索繪圖ABC》三冊，是覺年法師多年嘔心瀝血的畫作。這不僅是美學的畫冊，從中還可看到生命的歷程、驚奇與可貴。每一張圖的線條，都在訴說著生命的哲理，在提醒我們，要珍惜生命的擁有、了解生命的意義、追求生命的價值。

我很高興與佛光山及覺年法師有宿世之緣，我也相信，透過欣賞閱讀《生命探索繪圖ABC》，能讓我們再一次探索自己的生命心靈。面對每一幅圖，請靜下來沉思，或者塗上自己喜愛或希望的顏色，我們會了解到，自己的生命可以更為光亮與溫暖！

面對每一張圖，請靜下來沉思，塗上自己喜愛的顏色。

生命探索繪圖 ABC 從一筆畫開始生命探索……
CONTENTS

· 兒童版

生命不再迷惑，向亮麗的人生方向前進，專心用心看生命之道。

四季之最　大地之母
生命能量　欣欣向榮

春之榮

B-1

生命的能量欣欣向榮，一年之計在於春，
大地之母給我們生命所需的資糧能量，養護所有生物，
沒有人可以離開地球而存在。生存要有大自然才有生命。
因此，春天代表生命希望的能量和泉源。

探索對話
share

生命如豆　破殼而出
需承雨露　眾緣所成

生之芽

B-2

生命就像一顆豆子，

須等待因緣成熟方能破殼而出，

須經過日月精華、風吹雨打方能成就圓滿。

此圖內每個圓圈代表能量聚集串連蘊藏，方能成就生命的成長。

探索對話
share

踏實人生　循序漸進
力行實踐　惜福感恩

參之悟

B-3

生命成長的開始和過程，
須扎根循序而上，力行實踐踏實，即樹木有根方能開花結果。
所以，珍惜現在所擁有的資源，要懂得感恩一切因緣的成就！

探索對話
share

命如燭光　互相點燃

回向祝福　光明共享

命之光

B-4

命有多長，猶如燭光！

因此，需要彼此互相點亮。

當風吹過來時，星火之光相互護佑點燃，火種才不會熄滅。

因此，人與人之間要彼此祝福，

心手相連，光明共享，驅逐生命中的黑暗。

探索對話
share

三心二意　喜怒哀樂

情愛束縛　惶恐難安

心之惑

B-5

我們常常都知道要做好事、做好人。

但是，面對實現生活中常被七情六欲、喜怒哀樂牽絆而產生疑惑，

在日常生活中發生種種問題時，我們會三心二意，

惶恐難安，卻不知如何解除？

探索對話
share

菩提之苗　護如幼雛

萬金難買　千載難逢

生之覺

B-6

如何解除生命的疑惑和惶恐，

必須要了解生命的真相，即是自覺的良知。

良知猶如菩提幼苗，它是一切眾生皆有的覺性本質，

是廣大生命覺悟的能量，是萬金難買的。

所以，我們要保護這個覺知，並開啟它的功能之後，即可不受環境衝擊而變質。

因為它本來就存在，在聖不增，在凡不減的覺性真心。

所以，我們要運用它去了解生命真相。

探索對話
share

塵境迷惘　重重疊疊
心魂難安　歸途何處

心之惘
B-7

我們日常生活中，面對現實考驗，

塵境迷惑混亂時，能確實百分百了解自己的心嗎？

你的心曾經迷惘嗎？

心安了嗎？真心在哪裡？心依止誰？何處是歸途？

在我們的心承受重重束縛時，而使生命產生的磨難困境痛苦當下，

我們該走哪條路才是真正的解脫？

探索對話
share

廣學多聞　聞思修證

我在眾中　眾中有我

解之悟
B-8

我們要解開生命心中之苦，

必須要廣學多聞，學習正確的思維模式，

而去修正調整我們的行為和生命方向，

擬定目標走向生命的解脫舞台。

每個生命的成就，不可能獨自完成。

例如：到學校上學有同學、老師及行政人員等。

因為生命過程當中有很多人陪伴，亦在我們身邊扮演我們生命的貴人。

因此，要別人成為自己的貴人，自己先要學習如何成別人的貴人。

即是了解並落實我在眾中，眾中有我的理念。

因為一切的成功都需要大眾的成就才能圓滿。

探索對話
share

生命之重　科技時代

無常迅速　千金萬擔

生之重
B-9

生命從出生就得要學習如何活下來！
有人活得很辛苦，也有人活得很輕鬆，
每個生命都要面對所要承擔的任務和責任。
尤其在現今資訊時代，更是非常快速變化無常，
假資訊分秒都在發生，虛擬世界顛倒夢想，
真假難分，生命真是千斤萬擔重。
然而生命是無常變化和轉換更替的，因此，最重要是有正確的方向，
命運即可改變。凡遇到不好的人事物時，您必須要轉為正向思考。

探索對話
share

天地一聲　驚醒迷夢
豁然開朗　看見方向

解之聲
B-10

嬰兒的哭聲是歡喜還是驚恐無奈？

世上有什麼聲音引導我們尋找生命正確安穩的方向？

此時，我們需要大地一聲清淨梵音，

打開夢幻，觀察世間真相的音聲心咒，

引發生命的光芒豁然開朗，看到了方向，

方能打開心眼，引導我們尋找生命正確的定位方向。

探索對話
share

生命高牆　門窗處處
打開心門　向前有路

心之牆

B-11

生命之考卷常隨左右而無所不在，

不如意人事物十之八九。

生命高牆困境，從另外一個角度也是生命的另一種考驗旅程。

即是山窮水盡疑無路，柳暗花明又一村。

只要勇敢面對問題、了解問題、解決問題，打開心門，積極向前就是路。

因此，面對生命的困難，必須先了解困難的因緣來由，

才能找出正確的解決方法，方能山高豈礙白雲飛，關關難過關關過。

探索對話
share

山光水色　回歸自然

浩然正氣　邪魔不侵

山之光
B-12

山中靈光，生命來自自然，要回歸自然山光水色。

大自然中的能量，能洗滌身心靈的汙垢。

人類離不開地球和大自然，生命出生在天地自然。

因此，人在日常生活言行應無愧於天地良知及因果，

屹立於天地中，大是大非，公平正義，公是公非，

生命中即可蘊藏浩然正氣，邪魔不侵，龍天護佑，貴人護持。

探索對話
share

十字路口　人生抉擇

一錯百錯　終生遺憾

命之路
B-13

每個生命的呼吸和時間都是公平的，

而每個生命歷程中，

必須要選擇自己的道路。

這就如車輛，在十字路口時的選擇，若不謹慎思考，容易選錯路。

猶如說了一個謊言，就用很多謊言來圓，也可能造成終生遺憾。

人生若在抉擇時，能以戒定慧及科學邏輯方式來確認生命之路，

才能避免漏失及錯誤。

不會導致造成一錯再錯，錯失良機，而最終造成此生的遺憾及千古之恨。

探索對話
share

一念之間　世代承擔
衝動一時　百年修之

心之念
B-14

生命本質是共同體！

有些事件一念之間的選擇，結果會造成世代的相承。

若你一時的選擇決定錯誤，可能會造成數百年也修復不了，

而讓子孫承受我們一時行事衝動的結果，即是再回首已百年身的懊惱。

因此，若凡事只有想到自己現在的利益及意識形態，

就如一個建商在蓋房子時的偷工減料，而造成房子倒塌時，害死無數的人命；

也如喝酒開車撞死人，法院如何判決也喚不回人命，懊惱後悔已晚，百年難修之。

因此，生命要上天堂、下地獄，亦在一瞬之間的轉念。

探索對話
share

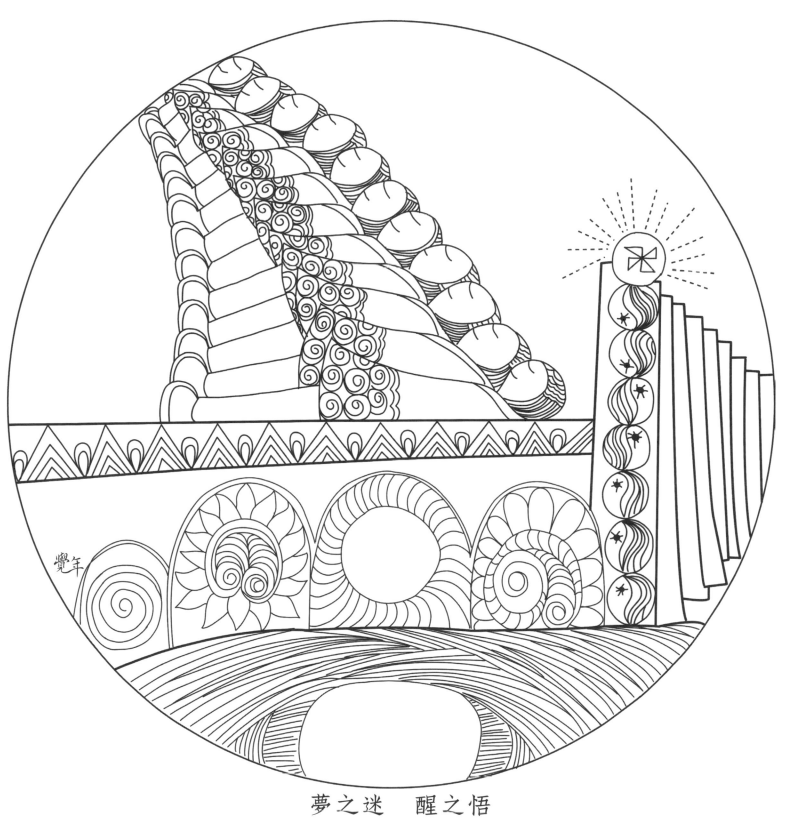

夢之迷　醒之悟

大夢誰先覺？

命之魂

B-15

生命中有人每天活在夢境裡，把夢當現實；

亦有人把現實當夢境來活，沉迷在夢中，不知夢中的是自己？還是醒時才是我？

例如：天天在作白日夢，生活在自己心中的主觀意識框架和電子３Ｃ產品的夢中，

讓自己的心常在過去、現在、未來之中來來往往。

流連夢中的快樂或得到的成就，而夢醒時什麼都沒有。

這個在夢中的自己就像行屍走肉，醉生夢死，而活在虛幻的世界中。

因此，可有問過自己生命的夢能何時醒？

探索對話
share

日月如梭　時日已過
命亦隨滅　活在當下

生之要

B-16

生命必須活在當下，不能活在夢中。

因為生命旅程的成長中，老死和輪轉是同時存在。

生命的真理即生老病死，肉體物質有生最終走向死亡。

亦如光陰和空中的飛鳥，即時日已過，命亦隨減，過去了不會再回首。

因此，生命不能停留在過去的榮耀、悲哀和期待未來，

必須活在當下，把握機緣才有生命的未來。

探索對話
share

開心之鎖　生命解碼
眾志成城　翱翔天際

心之鎖
B-17

每個人的生命活在世上都有自己的地雷區，

地雷即是自己最恐懼、害怕和厭惡面對的底線。

自己是否了解自己的地雷？

地雷區猶如心鎖，因為每個人心中都有恐懼，害怕失去至愛的人事物。

因此，要如何找到打開心鎖地雷的鑰匙？

方法是必須透過大眾的討論，

「三人行必有我師焉」，集大眾的力量方能找到生命解碼，

生命即可解鎖而翻轉翱翔天際，才能得到真正的擁有。

探索對話
share

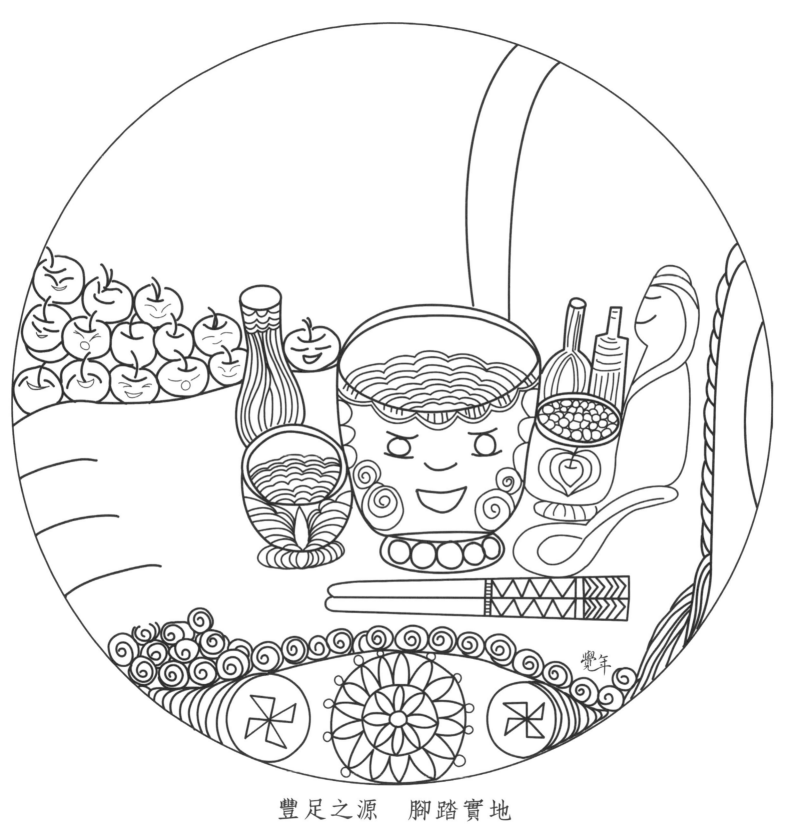

豐足之源　腳踏實地
聞思修證　惜福感恩

命之足

B-18

在生命歷程中，如何滿足生命所需？

讓生命不缺資源能量而綿延不絕，

必須要福慧雙修，感恩身邊所有因緣，

並要以雙手雙腳親力親為，腳踏實地的實踐力行，

勤修福慧才能衣食無缺，生命方能真正延續而不匱乏。

探索對話
share

沉默螺旋　生命惘然
世間浮沉　何去何從

眾之默

B-19

人類的生命是群聚的生命！每個人都不能單獨的存活下來，

因為個人生命與大眾生命之命運連接，息息相關。

所以，當大眾沉默螺旋發生，是很危險的事。

例如：大眾看不到何去何從的生命指標及大眾共同認定的共識時，

即看不到希望，不想講話表述，即是沉默螺旋效應。

因此，如何激發生命共同體，團隊的正能量，

每個生命個體需要自覺的自我觀察。

常有感覺世上沒有人能了解我？先問自己真正了解自己嗎？

既然自己沒辦法百分百了解自己，又如何要求他人百分百了解你？

要懂得自我反思自覺，才能學習如何了解自己，進而了解大眾的生命。

探索對話
share

眾心之能　成炬心光

破除黑暗　光明無量

心之誠
B-20

生命的成長若能誠實面對自己的心，
即可將心燈點亮，驅逐生命中的黑暗。
所謂「千年暗室一燈即明」，
社會需要集合大家的心燈才能點亮共同生命之光。
個人就如一隻螢火蟲，若能眾螢集聚，
彼此依靠相映，方能驅逐生命中的障礙。

探索對話
share

生命角度　文化框住
身在此山　不知高處

命之框
B-21

每個生命的角度，

價值思考模式、處世態度、行事風格千差萬別。

因為每個人都有成長的背景、家庭教育、學習文化都不同。

在社會工作，各行各業的思維邏輯價值觀都不一樣，而形成個人生命框架。

因此，每個人看世間人、事、物的角度都不一樣。

例如：站在這方看對面，站在對面看過來，都是直向的，

而看不到全面性，而片面的認同而定位，即身在此山，

不知高處的思維模式定型成框架。

框架進而形成各種族文化，沒有絕對的標準，

每個人生命角度文化框框的總合平均認同值即是社會文化，進而形成國家文化。

而人們在自己設定的框架中所困而不自知。

探索對話
share

黑白一體　黑白分明

人性如此　善惡緣起

命之面
B-22

生命的層面價值觀千差萬別，

例如：從小父母教孩童吃飯時一定要把飯吃完，告知飯粒食物得來不易。

亦有父母會教孩子，只要吃得喜歡就好，食物吃不完沒關係。

家庭教育文化的框框會產生不同的面向和層次及正反兩面，

即黑與白、善與惡、有和無、陰和陽，一個黑一個白連接成生命之連線。

因此，人的行為和心念是善惡分明，人性緣起，黑白是很分明，

什麼種子種出來的果實，如是因即如是果。

但是，更重要的是中間的緣，

即黑白一體，黑中存白，白中有黑，即是各種因緣，

因為很多因素和條件，才能產生不同結果。

探索對話
share

50

夢境起舞　醒時茫然
生命定位　乘願飛翔

生之舞
B-23

人生如夢，夢中起舞，醒時茫然！

夢如種子，必須切實了解種子的結構才能改變種子的基因。

種子如生命的舞台，每個生命都想展翅高飛，悠遊自在和享受活著的歡樂。

然而凡事有因才有果，因是基礎，果為成果，萬丈高樓也要從平地建起，

生命地基即生命規劃和定位。

例如：有讀書計畫，認真專注才能考試有好成績。

有生命定位，人生才可乘願飛翔，才能自在解脫。

探索對話
share

愛有千萬　溺愛無救
真愛慈悲　命之甘霖

命之真

B-24

生命的延續連線元素即是「愛」，解脫的原點也在「愛」。

所謂的「愛河千尺浪」。沒有愛，即是生命的缺陷。

「愛」有各種的愛，友愛、情愛。

愛有千萬，溺愛最可怕，是無藥可救。

錯誤的愛，會帶給生命最大的傷害。

真愛是慈悲，有智慧、有是非，

慈是給予對方快樂，滋潤其生命；

悲是拔其痛苦，有是非之心，使其離苦。

悲字心上有個是非的非，沒有智慧即是悲悲慘慘的悲，

「愛」太多如雨水太多，花樹就溺死，

所以真愛是奉獻和尊重而不是佔有和怨恨，是中道和祝福。

探索對話
share

有聲有色　如夢泡影

如露如電　如是觀察

命之實

B-25

生命的過程，雖然有真愛。

但面對現實考驗，若有正確的思維邏輯及觀察模式，

即可對有聲有色的現象，都是如夢幻泡影如露亦如電；

若能作如是觀察，即不會被自己所學的知識蒙蔽雙眼，也不會受主觀意識的主導。

不執著，才能多元思考，開拓視野，看到生命的真相。

探索對話
share

無我自在　共識之路
有效溝通　集體創作

修之要
B-26

生命修學之路，先要放下自我的成見，
角色對換，彼此分享並與人為善，建立健全共識之路。
其方法是先要與人有效的溝通，彼此建立生命互惠體制，
才能有健全團隊發揮集體及創作，人生才不孤獨。

探索對話
share

遠離汙濁　心不顛倒

人間淨土　祥和社會

眾之樂

B-27

每個生命若能將貪、嗔、痴三心改革淨化，
即可打開慧眼，不介入人間恩怨情仇。
喜怒哀樂不被他人牽著走，即可遠離痛苦深淵。
若能心不顛倒，則是心淨而國土淨的人間淨土，
呈現祥和的社區，便是大眾生命共同的渴望，
最需求的社會和諧、世界大同。

探索對話
share

生命寶瓶　廣修福慧
兩足具備　滿載而歸

生之寶
B-28

每個人的生命都是獨一無二，世上的唯一。
生命活著最大的功能是收集真善美的寶物。
世間之寶「功德」為生命寶瓶，它需要廣修福慧，
存正心、說真話、做對事。
若擁有真善美的寶瓶，即可豐富生命的價值和覺光照耀身邊的親友和家人，
使他們的生命無恐懼，正能量滿足生命需要的一切。

探索對話
share

生命之變　空無定形

因緣化現　萬物和諧

命之變
B-29

生命是變化無窮，無定形的。

生命如水，隨因緣而變化呈現，

遇熱是氣體，遇冷化冰變固體，其空無定形，本質不變。

生命之變如教育中的「因材施教」、「有教無類」。

即是菩薩以何身得度者，即現何身而為說法的隨緣變化。

如蝴蝶成長從卵到毛毛蟲，蛻變成蝴蝶，本質是一樣的，萬物和諧。

探索對話
share

人我之道　尊重包容
人和成就　共生吉祥

生之和

B-30

懂得生命之千變萬化，緣起變現，即掌握生命真假，
以此面對世間人、事、物，即以尊重包容達成共生吉祥。
落實真正的做好事、說好話、存好心。

探索對話
share

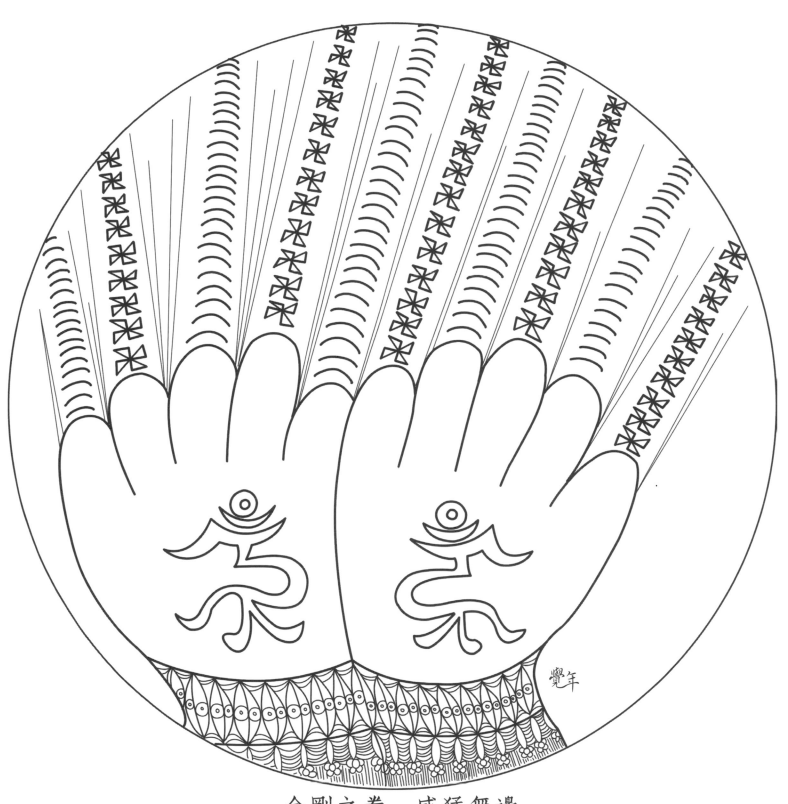

金剛之拳　威猛無邊
摧毀眾魔　無遠弗屆

覺之能
B-31

生命若能達共生吉祥，
生命之能量即形成威猛無邊的金鋼拳，
即可催毀所有生命之魔而無遠弗屆，
為生命裝上鎧甲的保護層。

探索對話
share

放下自我　意識形態
資源共享　世界祥和

命之理

B-32

若能催毀生命眾魔軍，生命安全感具足。

就會放下自我的意識形態，即可將世界生存的資源共享，

真心願意分享給他人，奉行惜福感恩的大願心，

並以心保、環保愛地球，而邁向世界和平。

人禍變少，天災隨減，地球降溫，生命共同體所需的地球能永續運轉。

探索對話
share

宇宙之心　萬法唯心

心包太虛　量周沙界

心之廣

B-33

佛曰：「心與佛及眾生三無差別」。

因此，宇宙的軸心在於生命，若沒有生命，哪能看到宇宙？

沒有心，人也活不了。一切唯心，萬法在於人心的分別。

心有多大，世界就有多大，即心包太虛，量周沙界，

所謂「宰相的肚裡能撐船」，心雖小，但是心的世界是廣大無邊的。

探索對話
share

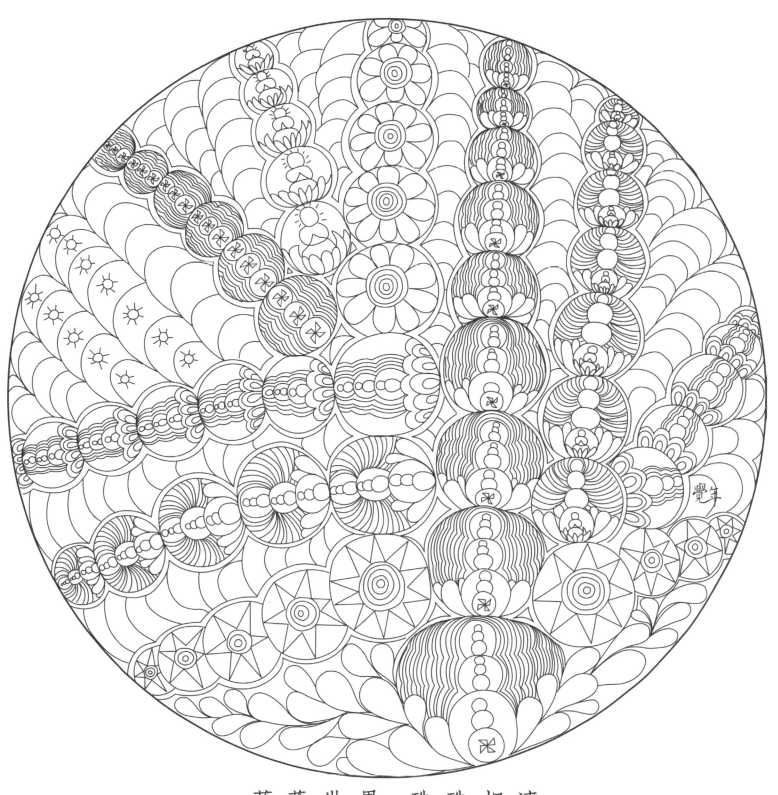

華藏世界　珠珠相連
一花一世界　一葉一如來

心之藏

B-34

心的世界蘊藏的寶藏是無窮無盡的華麗和豐碩。
像工畫師，一枝筆畫出炫麗的世界。
心念之間，速度比光速還快，超越時空無所阻隔，
並涵蓋過去、現在、未來。
因緣亦如此，因中有緣，緣中有因，互相串連，
一花一世界，芥子納虛彌，虛彌納芥子，
珠珠相連如一顆珠子在四個面向的鏡子同時互照，
即產生無窮無盡的華藏世界。

探索對話
share